JOSEPH KOOT

DONALD T. RUMP: MY COMPLETED LISTS

Clifftop
Sackville
New Brunswick
Canada

First Printing: 2020

koot.joseph@gmail.com

ISBN 978-0-9936085-7-5

Dedication

With thanks to

The people of the United States of America for providing two sides to every story

The president of the United States of America for making life so interesting

Acknowledgements

The readers of my first seven books have given me the confidence to expand my writing. As I spent hours in markets selling my books, I received invaluable suggestions from customers. I wish to thank them all.

Foreword

The T. Rump era has provided challenges for many. I have accepted these challenges through this book, which lists all the things Donald has completed.

1. All the books I've read:

-
-
-
-
-
-
-
-
-
-
-
-
-
-
-

2. My favorite books:

-
-
-
-
-
-
-
-
-
-
-
-
-
-
-

3. My least favorite books:

-
-
-
-
-
-
-
-
-
-
-
-
-
-
-

4. Suggestions for correct speech:

-
-
-
-
-
-
-
-
-
-
-
-
-
-
-

5. Ways to avoid repetition in speech:

-
-
-
-
-
-
-
-
-
-
-
-
-
-
-

6. Speeches in which I've not repeated myself:

-
-
-
-
-
-
-
-
-
-
-
-
-
-
-

7. Speeches in which I used few hand gestures:

-
-
-
-
-
-
-
-
-
-
-
-
-
-
-

8. My scholastic successes:

-
-
-
-
-
-
-
-
-
-
-
-
-
-
-

9. Details of American culture:

-
-
-
-
-
-
-
-
-
-
-
-
-
-
-

10. Details of international cultures:

-
-
-
-
-
-
-
-
-
-
-
-
-
-
-

11. The books of the Bible:

-

-

-

-

-

-

-

-

-

-

-

-

-

-

-

12. Names of European countries:

-
-
-
-
-
-
-
-
-
-
-
-
-
-
-

13. European countries I see as allies:

-
-
-
-
-
-
-
-
-
-
-
-
-
-
-

14. Positive results of trade embargoes:

-
-
-
-
-
-
-
-
-
-
-
-
-
-
-

15. Outcomes of meetings with dictators:

-
-
-
-
-
-
-
-
-
-
-
-
-
-
-

16. Trysts with Putin that I dare describe:

-
-
-
-
-
-
-
-
-
-
-
-
-
-
-

17. My democratic ideals:

-
-
-
-
-
-
-
-
-
-
-
-
-
-
-

18. Ways to support democracy:

-

-

-

-

-

-

-

-

-

-

-

-

-

-

-

19. My support of minority groups:

-
-
-
-
-
-
-
-
-
-
-
-
-
-
-

20. My most loved wife:

-
-
-
-
-
-
-
-
-
-
-
-
-
-
-

21. My most loved child:

-
-
-
-
-
-
-
-
-
-
-
-
-
-
-

22. My successes at loving:

-
-
-
-
-
-
-
-
-
-
-
-
-
-
-

23. Suggestions on attractive hairstyles:

-
-
-
-
-
-
-
-
-
-
-
-
-
-
-

24. Suggestions on good tanning techniques:

-
-
-
-
-
-
-
-
-
-
-
-
-
-
-

25. Diet suggestions:

-
-
-
-
-
-
-
-
-
-
-
-
-
-
-

26. My best-fitting suits:

-
-
-
-
-
-
-
-
-
-
-
-
-
-
-

27. Steps to proper posture:

-
-
-
-
-
-
-
-
-
-
-
-
-
-
-

28. Steps in closing an umbrella:

-
-
-
-
-
-
-
-
-
-
-
-
-
-
-

29. Golf rules I follow:

-
-
-
-
-
-
-
-
-
-
-
-
-
-
-

30. My attempts at honesty:

-

-

-

-

-

-

-

-

-

-

-

-

-

-

-

31. My attempts to stop misinformation:

-
-
-
-
-
-
-
-
-
-
-
-
-
-
-

32. Speeches in which I told the truth:

-
-
-
-
-
-
-
-
-
-
-
-
-
-
-

33. Dates of my bone spurs:

-
-
-
-
-
-
-
-
-
-
-
-
-
-
-

34. Symptoms of my bone spurs:

-
-
-
-
-
-
-
-
-
-
-
-
-
-
-

35. Birther proof that I’m not from Mars:

-

-

-

-

-

-

-

-

-

-

-

-

-

-

-

36. My profitable ventures:

-
-
-
-
-
-
-
-
-
-
-
-
-
-
-

37. My financial successes:

-
-
-
-
-
-
-
-
-
-
-
-
-
-
-

38. How to improve a company's performance:

-
-
-
-
-
-
-
-
-
-
-
-
-
-
-

39. Means of controlling bankruptcy:

-
-
-
-
-
-
-
-
-
-
-
-
-
-
-

40. Proper investment of an inheritance:

-
-
-
-
-
-
-
-
-
-
-
-
-
-
-

41. Ways of showing respect for others:

-

-

-

-

-

-

-

-

-

-

-

-

-

-

-

42. Ways to show leadership:

-
-
-
-
-
-
-
-
-
-
-
-
-
-
-

43. The promises I've kept:

-
-
-
-
-
-
-
-
-
-
-
-
-
-
-

44. How to share in successes:

-

-

-

-

-

-

-

-

-

-

-

-

-

-

-

45. Good points about my character:

-
-
-
-
-
-
-
-
-
-
-
-
-
-
-

46. Times I was not a cartoon of myself:

-
-
-
-
-
-
-
-
-
-
-
-
-
-
-

47. Ways to support initiatives of others:

-

-

-

-

-

-

-

-

-

-

-

-

-

-

-

48. How to accept one's shortcomings:

-
-
-
-
-
-
-
-
-
-
-
-
-
-
-

49. Ways to show strength of character:

-
-
-
-
-
-
-
-
-
-
-
-
-
-
-

50. My self-improvement plans:

-
-
-
-
-
-
-
-
-
-
-
-
-
-
-

www.ingramcontent.com/pod-product-compliance
Lightning Source LLC
LaVergne TN
LVHW011030110826
845149LV00015B/3367

* 9 7 8 0 9 9 3 6 0 8 5 7 5 *